Er codazzo de paja

'Na vecchietta

che se trovava dentr'a 'n bosco

spinta all'improvviso da un bisogno
se portò de fretta e furia presso un fosso.
Nel mentre s'accucciava pe' espletà la sua funzione
scorse er movimento d'un cespuglio

che se trovava sur fonno der burrone.
Subito pensò alla buonanima de suo marito

e facendo finta che in quella posizione

annava cercanno er nipotino suo smarrito:

"bello de nonna"

– je strillò puntandolo cor dito –

"che ce fai accovacciato nella fronda?".
Dar canto suo il lupo

che s'era rifugiato nella fratta

tremava de paura

nell'osservà 'sta sagoma

che strillanno s'agitava come 'na matta.
Credendo che fosse la furia der pastorello

ar quale poch'innanzi avea fregato un grasso agnello
nella strizza emise un gran belato

pe' dimostrà che in verità nun se l'era mica
magnato!
De corpo venne un acquazzone

e un tuono rimbombò talmente forte

che pareva fosse er colpo d'un cannone.
Zompò la vecchia in piedi

e coll'aria trafelata

correva a più non posso

sostenendo coll'arto superiore la braga ancor calata.
Dall'altro lato il lupo

in fuga con un ritmo eccezionale

emetteva tutti i versi

pe' gettà confusione sur tipo d'animale.

La morale de 'sta favoletta è facile facile

d'un chiarore che t'abbaglia:

uomini o bestie

vecchi o regazzini

ch'avemo tutti una gran coda de paglia!!!

Er matrimonio d'interesse

'Na sirena

sdraiata in fonno ar mare

se stava a godè er sole virtuale

Ragionando sur trascorso e sur futuro

piagneva er fatto

che'r solo maschio che aveva rimediato fin'allora

era stato un tonto de paguro

E pensava: "me posso pjà pe' marito

uno che c'ha 'na casa

che nun c'entra manco un dito?

Me sognavo d'abità 'na reggia

sin da quann'ero piccoletta

e m'aritrovo ammucchiata a 'na lumaca

dentro a 'na stanzetta stretta stretta"

Ner mentre su 'sta sfiga meditava

s'accorse che 'na barchetta

ferma sur pelo dell'acqua

galleggiava

Udì parole amare

improperi e strilli da far saltare er core

allora incuriosita venne a galla

e vide sulla barca un pescatore

che portava 'na canna sulla spalla

L'omo guardando al cielo implorando recitava:

"a Signo', vabbè che d'esse bono nun me riesce,

ma tu so' giorni e giorni

che nun me fai acchiappà nemmanco un pesce!"

E, girando l'occhi al mare, seguitava:

"se oggi me fai magnà come se deve

sulla testa mia te giuro

che vado a letto e m'arisvejo casto e puro!"

La sirena

ner vedè quell'omaccione

gridò appassionata: "nun ce credo, è troppo bello,

è'n sogno, 'na visione!"

Nell'udì certe parole er mascalzone

aveva subito capito della poveretta l'intenzione

e poichè lo stomaco je stava a brontolà,

ringraziando er buon Dio pe' l'occasione, disse:

"a fata, che me voj sposà?"

La poveretta,

in preda all'emozione,

saltò de corsa sulla barca

e solo quand'era troppo tardi

capì de 'st'invito la motivazione.

Lei sapeva d'esse' bona e bella

ma mai avrebbe pensato

de finì accovacciata dentro a 'na padella.

E alla fine de tutta 'sta questione

l'omo s'arivolse ar cielo

e disse co 'na certa commozione:

"a Signo', c'era tanto da scartà

ma er pesce era squisito, m'hai risolto un problemone.

E sai cosa te dico? Mo sì che te sarò fedele

e che amerò la religione" ...

e s'allontanò leccandosi li baffi

ar pensiero de quel gustoso regalone...

Er poeta insolito

Ho visto 'n poeta
arquanto strano,
seduto su 'na panca,
parlava co 'na penna
che se teneva in mano
"Te possino acciaccatte!"
je diceva
"Te voi sbrigà?! Datte 'na mossa!
So' giorni che nun scrivi!
Te devo da 'na scossa?"

E quella risponneva:
"e numme martrattà!
Ammazza che cafone!
Se provi a statte zitto
E impari ad ascortà
Te spiego la questione!
Io mica c'ho le zampe,

so' solo 'no strumento
cammino coll'idea chiamata ispirazione
Te nasce nella testa insieme co'n tormento
Quanno sei disperato
Oppure sei contento.
Ma si me lo permetti
Te do 'n suggerimento:
ho visto che'r poeta
pe' fa'n componimento
chiacchiera co' luna, sole e stelle
Da questi nun se schioda
Neanche a pagamento.
Mo vojo di': ma ch'è 'na moda?
Pensamo ar sole ch'è 'na vita che
casca e se riarsa
e quanno che va giù, pare che affoga,
e nun parlamo delle stelle
che stanno sempre a luccicà
e che se tuffeno pei desideri de chi pò vedelle!
E della luna
Che volemo di'?
Po' esse' spicchio oppure palla ma

pe' fasse rimiirà
sta smunta, sempre lì
come se sforzassero a legalla
Ma allora me domanno:
dopo secoli de 'sto comportamento
ma che ch'avranno più da di'?
E questo vale pure pe' la neve er mare e er vento
Ce vò 'na novità
Che scota l'animi, che te smucini dentro!!!"
"Me sa che c'ha' raggione"
disse 'r poeta rincuorato
che mentre che parlava
de corpo s'era arzato.
"Ce devo un po'pensà
intorno a sta questione"
e subbito ha inciampato
puntando sotto 'n sasso er vecchio pollicione.
"Aho! Ma voj sta' attento?"
je strillò allora er ditone
"stai sempre colla testa su per aria,
e cerca de vedè 'ndo vai
armeno pe'n momento!

E poi che so' tutte 'ste nenie?
Io fatico e trotto ma mica me lamento!
Io te vorrei vede'
Rinchiuso dentro a 'sta scarpaccia
Ar buio, stretto stretto,
pieno de calli in faccia!
Allora si che piagneresti le fatiche
E ner confronto
Le pene dell'animo
Risurterebbero tue amiche!".
Come pe' reazione
A'n certo punto se sentì'n vocione
Da dove 'n se po' di'
Pe' pudicizia
Però se po' capì
Dar senso che provava d'ingiustizia.
E 'nfatti disse:
"senti a pollicciò, te devi accontentà
che tu hai parlato!
A me me piace tanto de cantà
Ma l'omo m'azzittisce subbito
Manco stessi a fa' chissà quale peccato!".

E se vede che in fonno, in fonno sei stonato!"
Gridò tarmente forte l'ombelico,
che tuonò tutta la stanza.
"armeno tu nell'omo c'hai funzione,
io de forma te somijo,
anche se so' più ovale
eppure sto ner mezzo della panza
senza fa' gnente de speciale!!

Nell'ascortà questa questione
er poeta prese tra le mani un fojo
e se mise a scrive, sotto dettato dell'ispirazione
cominciò 'n trattato
sur sentimento delli buci
dividendo quelli scontenti come i suoi
da quelli fieri
e cominciò a scrive fitto fitto
'na poesia sulli famosi buci neri.

Er presepe moderno

Disse il bue un giorno all'asinello:
-"So' secoli che stò dentr'an presepe pe' alita sul corpo de 'sto bambinello! 'Sto fatto nun me torna, me nasce 'na domanda: ma nun sarebbe morto meio se dentr'a 'sta capanna ce fosse 'na creatura accovacciata sur grembo della mamma? De certo lui preferirebbe un po' di quel calore umano piuttosto che ' sto vento che je viene da lontano!Tra l'artro io me dico: co' tutto 'sto percorso, na vorta ch'è arrivato er fiato mio lo 'nfreddolisce perché sarà gelato! e co' 'st'umidità armeno ce dessero un cappello, pe famme cotento e cojonato co' l'illusione che dentr'a 'sta caciara quarcheduno pensa pure ar bue e all'asinello!
E poi a furia d'alità nun c'ho più fiato, possibile che devo esse' io a da' er suggerimento, e mo me so stufato!Ar giorno d'oggi ce stà er riscaldamento, basta pagà 'na certa cifra e te l'allacciano, er mondo ormai è cambiato!"

-"E no adesso basta, blasfemo sfegatato", disse er ciuco esasperato, " e quanno è troppo è troppo perché nun scappi via, ma chi te c'ha chiamato? So stufo de tutti 'sti lamenti! Qui magni, bevi, dormi e te risenti?Se pensi d'avè un destino infame te presento certi amichi mia che stanno nelle stalle, tra mucchi de letame,e che nun fanno artro che portà pesi sulle spalle pe' assecondà le voje umane!Ar confronto io c'ho 'n lavoro dignitoso, fatico, quest'è vero, ma quann'è l'ora m'ariposo!

Quindi bello mio nun te fa rode,'chè nun se dice chi gode s'accontenta ma chi s'accontenta gode!!!!!"

La corrida

Un giorno ho visto 'na corrida
dove er torero guardava er toro dritto all'occhi
coll'aria de 'na sfida
e je diceva:
"fatte l'ultima preghiera e pensa 'n po' a 'na cosa bella
perchè nun te rimane molto
tra un po' te strappo le budella!"
Er toro j'arispose:
"Certo che io e te nun è che ce somijamo tanto.
Tu stai qua e cerchi la mia morte
pe' fattece na maschera de vanto
io invece me difendo e lotto pe' l'onore
colle sole armi ricevute dar Signore
E alla fine de tutta sta tempesta
io me sento fiero
perchè uso quelle corna che me porto in testa
come armi pe' mori' da maschio vero.
Tu invece pe' feri' usi gli inganni der colore
ma sei solo un poveraccio

perchè le corna che te tieni sulla fronte
so er risultato di un tradito amore!"

L'ape e la margherita

Un'ape ronzava su 'na margherita
e posandose sull'area ingiallanuta
succhiava er nettare con aria un po' accanita.
"Te pare giusto", disse il fiore con voce risentita,
"che io sto fermo tutto il giorno
pe' cercà de succhià un goccetto d'acqua dar profonno,
e tu, fresca e riverita, te magni in un secondo la mia fatica
di un'intera vita?"
"Ma senti tu, roba dell'artro monno!"
disse l'ape inferocita
"forse nun te sei accorta che, colpendo col mio pungiglione,
t' ho sarvato dalle mani d'un cojone
che pe' indagà sull'amore della fidanzata
te voleva spelacchià ar chiarore d'un lampione!
Io t'avrò pure succhiato er core
ma tu sei ancora in vita!
Fa' l'inchino e ringrazia er Signore!!!"

<u>Lo scontento gratis</u>

L'omo in generale
è sempre invidioso dell'opposto suo,
A chi è nato moro je piacerebbe d'esse' biondo
a chi è rimasto basso d'esse' arto
e a chi è secco je piacerebbe d'esse tondo
C'è 'n senso d'ingiustizia che regna ne' 'sto monno
quello che lavora troppo vorrebbe riposasse tutto er giorno
e 'nvece chi nun c'ha l'occupazione correrebbe a destra e a manca
pe' sentisse utile, trovà 'na sua funzione
Insomma pare che l'omo nun è mai contento proprio pe' definizione
e nun ha capito che 'sta vita è pe' tutti uguale

ce se magna

nun c'è scampo

nun c'è via de fuga

è come un verme che sta sopra a noi

che semo foje de lattuga

L'omo col parapendio

N'omo che se lanciava spesso col parapendio
un giorno stava in crisi d'astinenza
e pensò bene de pregà er buon Dio
che lo alleviasse da 'sta sofferenza.

Er mattino dopo
c'era il sole che splendeva
ma affacciandosi al balcone
pe'l gran vento a malapena s'areggeva

-"Eolo fatte er fiato corto"
disse l'omo preso da na crisi de sconforto
"e cerca de soffià più piano
Nun me vorrai mica vedè morto??"

E Eolo j'arispose:
"senti bello mio ma che te sei svejato storto?
Io mica soffio pe' diletto
sto qui pe' fa' er lavoro mio
è inutile che interroghi er buon Dio
'chè tanto non ottieni alcun effetto!

Oggi me serve er cielo sgombro
che tra n'oretta ce passerà più d'uno stormo
e poi più in là devo spedì du' nubi pe' fa piove che la terra me se sta a seccà
insomma bello levate de mezzo, nun lo vedi quanto c'ho da fa?"

"Si vabbè", rispose l'omo, "ma io devo rimedià.
Se nun volo manco oggi va a finì che poi sto male
E poi che faccio, vado a vive in ospedale?"
"Allora senti mo te daro' na notizia che te farà male"
Je rispose il dio del vento
"Pe' circa dieci giorni nun te posso fa' contento!
C'ho l'agenda troppo piena!...
Domani, per esempio, devo spigne n'artalena pe' la nipote d'un illustre cardinale e poi c'avrò un'impegno ar mare
Co' tanto de folata dovro' spigne le barchette che so' iscritte alla regata"
E l'omo j'arispose: "ho capito, qui nun è giornata e che infame è sto destino
Sai che faccio? Se m'accontenti te prometto un regalino:
organizzo un'elezione tra gli Dei e te faccio arrivà primo.
"Questo me pare un pensiero sopraffino"

grido' Eolo

“cosicchè anziché esse' comandato sarò io a decide il mio operato”.

L’omo che all’inizio pareva sollevato
subito pensò tra sé e sé:
“’sto cielo che amavo tanto perché credevo privo de peccato
in verità è ‘na grande delusione
Quella che Eolo poteva fa' come ‘na pura buona azione
è stata invece, come sempre,

solo fija della corruzione”

... Se chiacchierò che er bon’omo de sto fatto nun se ne fece ‘na ragione e il giorno dopo se tolse er parapendio e se buttò a braccia nude dal balcone...

L'omo e'l vento

Un giorno che tirava tanto vento
'n'omo che sull'erba passeggiava lento lento
se fermò all'improvviso in mezzo al prato
e guardando su pe' l'aria disse:
"adesso m'hai stufato! Che è st'accanimento?
E statte fermo o armeno pe'n momento soffia piano!"
E intanto j'agitava verso l'alto na sigaretta che se teneva in mano.
"Nun lo vedi? M'hai finito tutt'er fumo!
Un pacchetto intero m'hai rubato!"
E'r vento j'arispose concitato:
"ma senti tu che omo ingrato! Nun l'hai capito che se t'incontrassi tutti i giorni
lo t'avrei salvato?".

L'omo ricucito

N'omo che de salute stava sempre male
gira che t'arivorta
passava la vita sua nell'ospedale.
Gli avevano fatto tutti l'interventi
cuore fegato polmoni e reni
e persino per il mal de denti
e nonostante fossero riusciti a perfezione
sto poveraccio nun riusciva a ripjasse
tanto che un bel giorno prese 'na saggia decisione.
"Piuttosto che vive come un povero cojone"
disse tra sè e sè guardandose allo specchio
"preferisco morì compiendo quarche bona azione
tanto più che me sto a fa 'n po' troppo vecchio
e visto che da intero nun funziono
me faccio toje l'organi e li dono"

E fu così che dell'omo ricucito
nun rimase che 'n ciuffo de capelli
un piede e quarche dito
oltre chiaramente
alla carcassa vota

che rese la sua bontà per sempre nota
L'omo co' 'sto gesto eccezionale
"usò" la morte pe' rendese immortale.

L'umana spiegazione di questa assurdità (a Pietro)

Er creatore

guardando su ner cielo le sue stelle

je disse tutto inorgojito: "ammazza quanto siete belle!!!

Io più ve vedo e più me ne innamoro"

"Si"

j'arisposero contente quelle,

" ma noi facciamo tanta luce perchè sbrilluccicamo tutte in coro.

Quello che ce manca è un bagliore che conduce

che sia tarmente forte da fa' 'na figurona anche da solo!"

... E fu così che pe' accettà er volere der Signore

tanti omini se ritrovarono accartocciati dar dolore.

<u>Park e me</u>

Un giorno un tizio se presentò ar cospetto mio
e disse: tu senza de me nun sei più gnente
camminerai solo se ce starò pur'io
pe' te sarò fratello amante e pure Dio.
Io j'ho ubbidito portandoje rispetto
Lui volle la mente mia e tutti li muscoli
compreso quello che me batteva in petto.
A vorte me diceva: "ferma!"
e io me bloccavo
e mo cammina
e io m'aripijavo
damme la mano
movite un po' troppo e trema
e io che me parevo n'artalena.

Era appiccicoso e severo ar punto che

a raccontallo nun pare manco vero.

Ormai è gia' 'na vita che me da 'l tormento

ce magno

dormo

e je do retta

bona bona

senza nemanche fa 'n lamento.

Ma lui è sempre più esigente

me s'è pijato er core er fisico e la mente

tanto che un giorno jo detto

"amore ascolta

ascolta attentamente

m'hanno detto che a sto fidanzamento

c'avrei na via de scampo che è n'operazione in testa

e io c'ho ragionato tanto.

E lui m'ha detto: " che fai? Me mandi via dopo anni de
stretta convivenza?"

"amore, amore"

j'ho risposto io

"c'ho pensato e ripensato

io t'amo, t'amo tanto, tu sei la vita mia

ma io sto mejo senza!!!"

Un pensiero

A volte nell'animo umano
er senso d'ingiustizia regna sovrano
e je dipigne 'r volto de mestizia.
Allora l'omo in preda all'impazienza
invoca la felicità
la quale je risponne:

" me poi pure possedè
ma solo se m'accoppi ad una buona dose d'incoscienza!"

Vita

La vita è'n chiodo ruzzo

che t'appenne

te buca te sfruguja e te ferisce

e te stai bono lì che nun te poi difenne.

Sta tortura a a'n certo punto

poi finisce

te pensi de sta mejo

e dici: "finalmente!"

In verità starai pure più tranquillo

ma senza quer chiodo

tu nun sei più gnente

Felicità

A volte nell'animo umano
er senso d'ingiustizia regna sovrano
e je dipigne'r volto de mestizia.
Allora l'omo in preda all'impazienza
invoca la felicità
la quale je risponne:" me poi pure possedè
ma solo se m'accoppi ad una buona dose d'incoscienza!"

In bocca al lupo!!

"Quest'incontro è nato a ciccio, stò digiuno ed affamato

mo te magno e scappo via..."

disse er lupo a 'no sfigato

"fallo pure e così sia

se voi vive nel peccato

poi nun di' che è corpa mia"

disse l'omo spaventato

"ma tu pensa a 'sta questione"

disse 'l lupo

"tu hai svortato

anzichè da gran cojone mori da omo fortunato!!"

Lezione di religione

Mariolino 'gnorantello
disse 'n giorno a su' fratello:
"Porca loca che cojone
ho preso 4 in religione"
"Pe' ave'n voto cosi' brutto
avrai fatto un gran peccato"
disse Luca a su' fratello
"A me me pare esagerato"
je rispose quer monello
Io ho solo domandato 'na questione
alla maestra durante la sua spiegazione.
Ce diceva: "Dio è ovunque,
sta ner cielo e nelle stelle

tra le brutte e tra le belle

sta sui monti e in mezzo ai prati

sta tra i sazi e l'affamati

tra le sberle e le carezze

sopra i fiori e le monnezze

nella pace e nella guerra

sopra ar cielo e giù per terra"

Fu a quer punto che je dissi

"scusi prof se l'interrompo

io non so se sono tonto o se nun me rendo conto,

ma me nasce 'na domanda: com'è che ndo te giri e t'arivorti

trovi Dio tranne nei posti 'ndo lo cerco io?"

__La voce der silenzio__

'Na voce un giorno se staccò da'n coro
e andò a cercà er silenzio
e disse: "seppure non t'ignoro
io nun t'ammiro
e me domanno sempre...
ma come fai? Stai fermo lì, senza fa' niente,
nun tiri fori un gemito, un sospiro, quarcosa de sonoro!"

"Tu dai espressione all'omo", rispose er silenzio, "
"tu fai capì se è triste, scojonato o se è contento
ma capisco il tuo risentimento
pe 'r fatto cfhe se nasco io
tu mori in un momento.
Mo vojo dì.. tu c'hai 'n'utilità sicuramente,
tu canti e parli
ma a volte troppo e inutilmente
e in questo caso fai grande sforzo senza risultato..
come se dice a Roma... FAI APRÌ BOCCA E JE DAI FIATO!"

La lucciola ar lume

Disse la lucciola ar lume:
"beato te che splendi de così tanta luce
io ar confronto so'n barlume!"
E quello j'arispose:
"Si ma tu c'hai 'na cosa più preziosa:
la libertà de decide quando la tua luce è accesa
e quanno se riposa!"

www.ingramcontent.com/pod-product-compliance
Ingram Content Group UK Ltd.
Pitfield, Milton Keynes, MK11 3LW, UK
UKHW020228250726
13967UKWH00001B/258

Claudia Mezzetti è nata a Roma nel 1967.

Ama la poesia e l'umorismo e questa piccola raccolta di poesie in dialetto romano ne è testimonianza.

Dialoghi tra cose semplici come il singhiozzo e l'uomo, l'ape e la margherita, il cotechino e la lenticchia, che terminano sempre con una morale, una lezione di vita. C'è sempre qualcuno o qualcosa che si considera insignificante dal quale si può inaspettatamente imparare....

ISBN 978-1-4478-0007-1
90000
9 781447 800071